｜정브르

132만 구독자를 보유한 생물 크리에이터. 곤충과 파충류부터 바다생물까지 다양한 생물을 소개하는 참신한 콘텐츠를 선보이며 생물 전문 크리에이터로 큰 사랑을 받고 있답니다. 유튜브 채널에서 동물 사육, 채집, 과학 실험 등의 재미있고 유익한 영상을 소개하고 있으며, 도서와 영화를 통해 고유의 콘텐츠와 더불어 동물을 사랑하는 마음까지 대중에게 알리고 있어요.

1판 1쇄 발행 2023년 7월 27일
1판 8쇄 발행 2025년 3월 4일

발행인 ｜ 심정섭
편집인 ｜ 안예남
편집장 ｜ 최영미
편집자 ｜ 손유라, 김은솔
브랜드마케팅 담당 ｜ 김지선
출판마케팅 담당 ｜ 홍성현, 김호현
제작 ｜ 정수호

발행처 ｜ (주)서울문화사
등록일 ｜ 1988년 2월 16일
등록번호 ｜ 제 2-484
주소 ｜ 서울특별시 용산구 새창로 221-19
전화 편집 ｜ 02-799-9375 **출판마케팅** ｜ 02-791-0708
본문 구성 ｜ 덕윤웨이브 **디자인** ｜ 권빈

ISBN 979-11-6923-797-0
　　　979-11-6438-488-4 (세트)

ⓒ정브르. ⓒSANDBOX NETWORK Inc. ALL RIGHTS RESERVED.

차례

탐구 브르의 희귀 동물 탐구 노트-① • 4

1화. (호주)
괴물 가재를 잡으러 가다! • 6
살아 있는 초대왕 크레이피시 잡기 • 11
행복한 쿼카와 셀카 찍기 • 18

2화. (호주)

희귀종이 가득한 호주 동물원 • 24
대왕 머드크랩을 잡다! • 30
세계 최대 바다거북 산란장으로! • 36

3화. (호주)
돌고래와 신나는 식사 시간 • 42
호주의 다양한 생물 구경 • 48
엄청 큰 해파리와 블루크랩 잡기 • 53
놀이 브르의 다른 그림 찾기 • 60

4화. (미국)
반딧불이로 글씨를 읽어 보자! • 62

미국의 신기한 생물 탐험 • 67
물리면 큰일 나는 맹독성 생물 • 74

| 탐구 | 브르의 희귀 동물 탐구 노트-② • 80

5화. 괴물 물고기를 사냥하자! • 82
미국   귀여운 투구게를 만나 보자! • 88
번데기방을 해체해 보자! • 92

6화. 대형 도마뱀을 만난 브르 • 100
미국   이구아나랜드로 떠나자! • 105
야생 악어를 만나다! • 114

| 놀이 | 브르의 숨은 그림 찾기 • 118

7화. 술라웨시섬에서 등화 채집하기 • 120
인도네시아   악마의 도마뱀을 만나고 생긴 일 • 127
잡아서 바로 먹는 애벌레의 맛은? • 131

| 놀이 | 브르의 미로 찾기 • 138

정답 • 140

브르의 희귀 동물 탐구 노트 - ①

지구의 다양한 생물

지구의 여러 가지 생태계 안에서 다양한 생물이 함께 어우러져 살아가는 것을 '생물다양성'이라고 불러요. 생태계 속 생물은 모두 다른 모습과 생활 방식을 가지고 있지만, 서로 영향을 주고받으면서 함께 살아가고 있어요. 과학자들의 말에 따르면, 지구에는 무려 1000만에서 3000만 종의 생물이 살고 있다고 해요. 지구에는 우리가 잘 아는 익숙한 생물들뿐만 아니라 아직 발견되지 않은 미지의 생물도 가득하답니다.

이렇게 많은 생물 중에서 적은 개체 수를 보이는 생물이 바로 희귀 생물이에요. 희귀 생물은 일상에서 쉽게 만나기 어려운 독특한 생김새나 색깔을 가지고 있어요. 지구온난화와 같은 환경 오염이나 불법으로 포획하는 사람들 때문에 멸종위기에 처하기도 해요. 같은 종이더라도 서식지에 따라 모습이 다른 생물도 있어요. 대표적으로는 열을 내보낼 수 있는 커다란 귀를 가지고 있는 사막여우와 열을 지킬 수 있는 작은 귀를 가지고 있는 북극여우가 있지요.

사막여우

북극여우

마다가스카르에 사는 생물

마다가스카르는 아프리카의 남동부에 위치한 섬나라예요. 하나의 섬이지만 섬의 남부, 중부, 북부 지역의 기후가 모두 다르다는 특징을 가지고 있지요. 그래서 다른 지역에선 보기 힘든 특이한 생물이 많고, 약 90%의 생물이 마다가스카르에서만 서식하는 고유종이에요.

대표적인 마다가스카르의 고유종으로는 여우원숭이가 있어요. 전체적인 모습은 원숭이를 닮았지만, 튀어나온 주둥이와 긴 꼬리가 여우를 닮아서 여우원숭이라고 불러요. 환경 오염과 서식지 파괴, 불법 포획으로 멸종위기에 처해 있어요. 또 몽구스를 닮은 팔라노크도 마다가스카르에 서식하고 있어요. 주로 지렁이를 먹는데, 꼬리에 체지방을 최대 800g까지 저장할 수 있어서 지렁이 사냥이 어려운 겨울에는 꼬리의 체지방으로 살아가요.

마다가스카르

여우원숭이

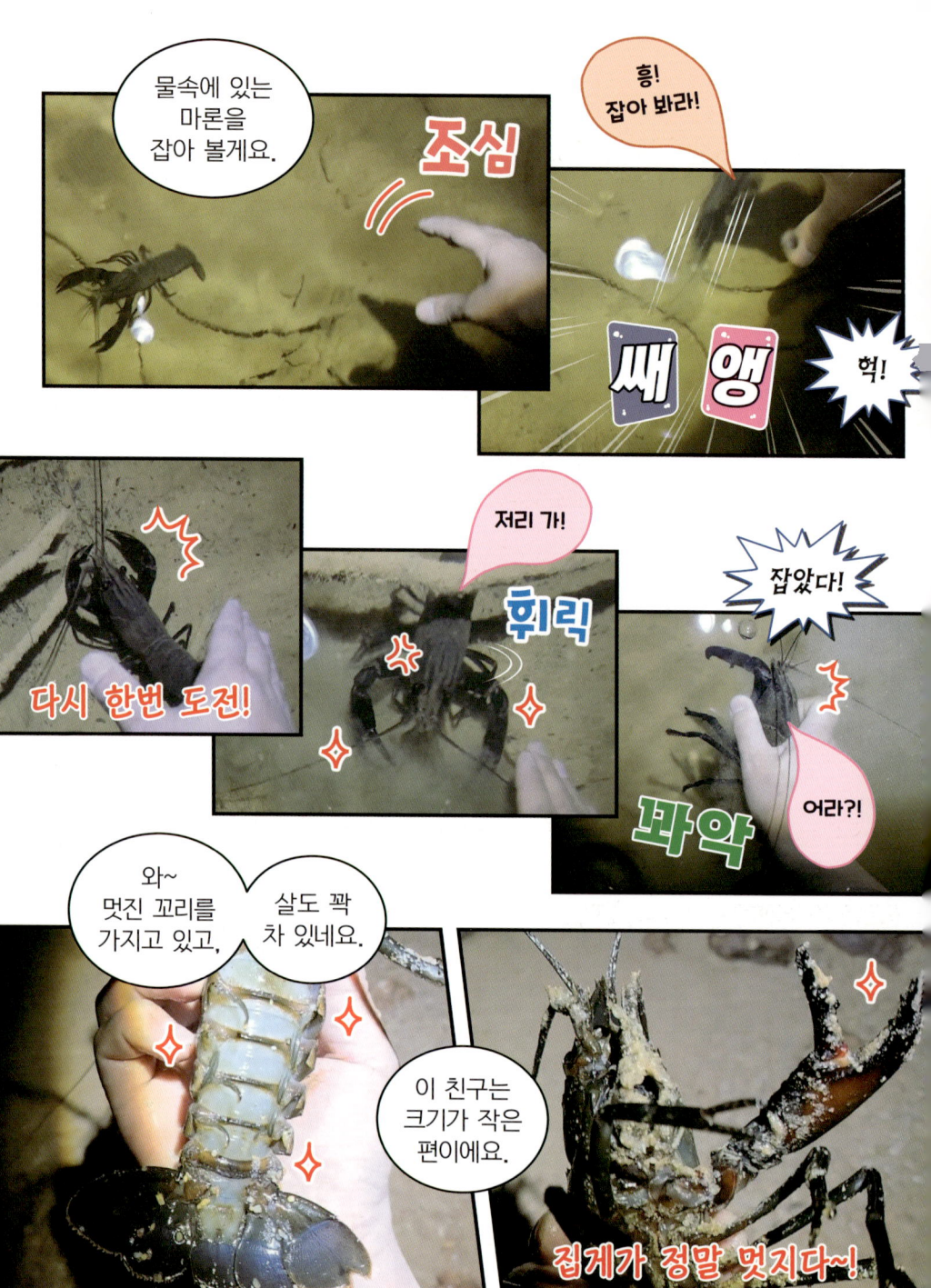

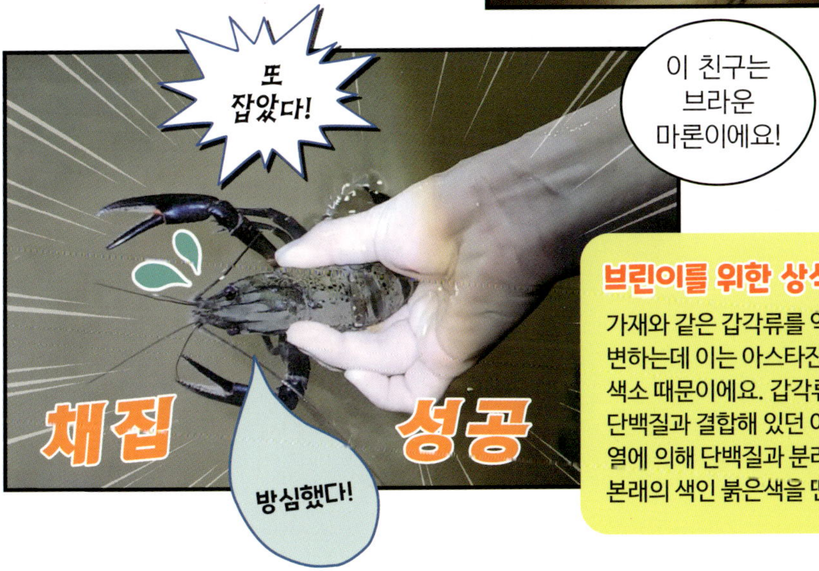

오늘은 항상 웃는 표정을 짓고 있어서 유명한 쿼카라는 동물을 만나러 갈 거예요.

행복한 쿼카와 셀카 찍기

이번에는 자전거를 빌려서 여행을 해 보려고 해요.

렛츠 고~!

따르릉~ 따르릉~

과연 쿼카를 만날 수 있을까요?

정말 귀엽다!

여행 중 만난 도마뱀 친구들!

반가워~.

재미있게 놀다 가~.

브린이를 위한 상식

쿼카는 캥거루과에 속하는 유대류 동물이에요. 유대류는 포유류의 하나로, 암컷이 아랫배에 있는 육아낭에 새끼를 넣어 보살펴요. 쿼카는 호주의 야생동물 보호법으로 보호받고 있어서 함부로 만지면 벌금을 내야 해요. 그래서 '웃으며 다가오는 벌금'이라는 재미있는 별명을 가지고 있답니다.

브르에게 적극적으로 관심을 보이는 쿼카

19

정브르의 생물 탐구

가재는 민물이나 바다에 서식하는 동물로, 단단한 몸과 커다란 집게다리를 가지고 있어요. 생물의 사체나 수초, 옆새우 등 다양한 물속 생물들을 먹으면서 살아가지요.

★정브르의 생물 탐구★

생물 이름: 참가재(토종가재)

한국에서 발견되는 토종가재로, 주로 산소가 높고 차가운 계곡물에서 서식해요. 따뜻한 물에서 사육하면 산소량 부족, 소화불량 등 여러 문제로 금방 폐사할 수 있기에 조심해야 해요.

영상으로 확인해 봐요!

★정브르의 생물 탐구★

생물 이름: 노멀얍비

호주에 서식하는 민물 가재 중 하나로, 노멀얍비와 스텐다드 블루얍비 등의 종류가 있어요. 이중 노멀얍비는 여러 가지 색을 띠며, 마디 사이사이에 주황색 살이 보이는 특징이 있지요.

영상으로 확인해 봐요!

🇦🇺 호주

2화
희귀종이 가득한 호주 동물원

쿠카부라 — 어서 와요~.

코카투

이곳에서 캥거루를 만날 수 있다고 해요.

하지만 새끼가 있을 수도 있으니 캥거루 육아낭에 손을 넣지 말라고 하네요.

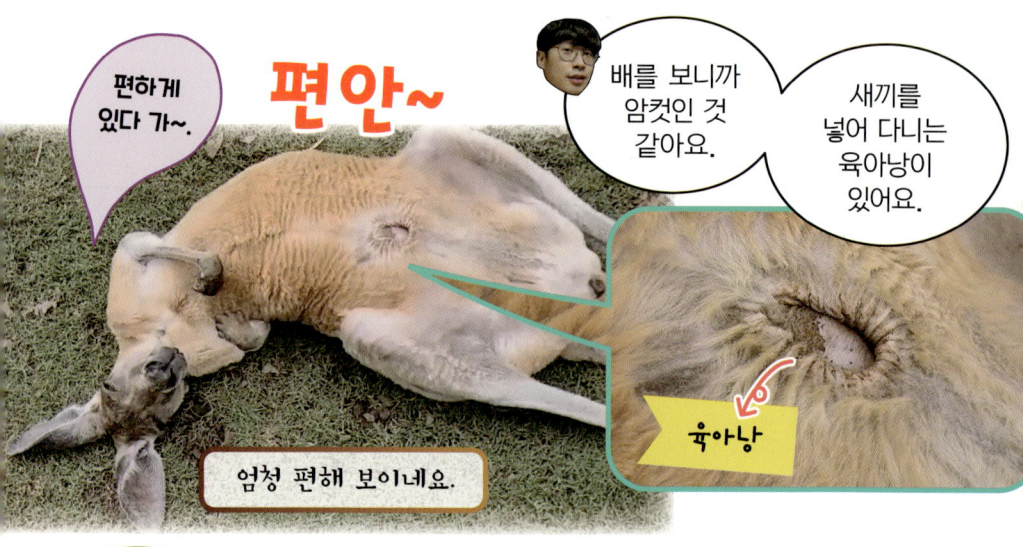

사육사 품에 안겨 있는 코알라

브린이를 위한 상식

코알라는 곰을 닮은 모습 때문에 '네이티브 베어(native bear)'라고 불리기도 해요. 호주에 자라는 유칼립투스 잎만 먹으며, 하루 평균 20시간 수면해요.

유칼립투스

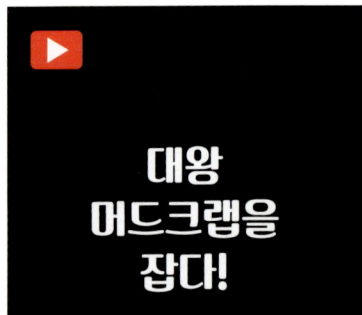

대왕 머드크랩을 잡다!

맹그로브 숲에서 머드크랩을 잡아 보려고

카라타 근처로 이동 중이에요.

과연 머드크랩을 잡을 수 있을까?

트럭 아래쪽에 물이 고여 있는 것처럼 보이죠?

브린이를 위한 상식
신기루란 물체가 실제 위치가 아닌 다른 위치에 보이는 현상을 말해요. 땅이 햇볕을 받아 뜨거워지면 주위의 공기도 같이 뜨거워지는데, 빛이 서로 다른 공기층을 통과하면서 생기는 현상이지요. 대표적으로 사막에서 오아시스를 발견했다고 착각하게 만드는 현상이 바로 신기루랍니다.

반짝

그런데 점점 가까이 가면 전부 사라집니다.

신기루 현상이에요.

터엉

호주에 사는 머드크랩을 소개할게요.

그린 머드크랩

Green mud crab
Scylla serrata
Photo courtesy of Department of Fisheries

브라운 머드크랩

크랩들이 펄에 숨어 있는데, 형태가 보여요.
숨은 머드크랩 찾기!
들켰다!
적이다!
거센 공격!
내 공격을 받아라!
엄청 사납습니다.
와… 집게 크기 좀 보세요.
물리면 정말 아플 것 같아요.
거
대
채집 성공!

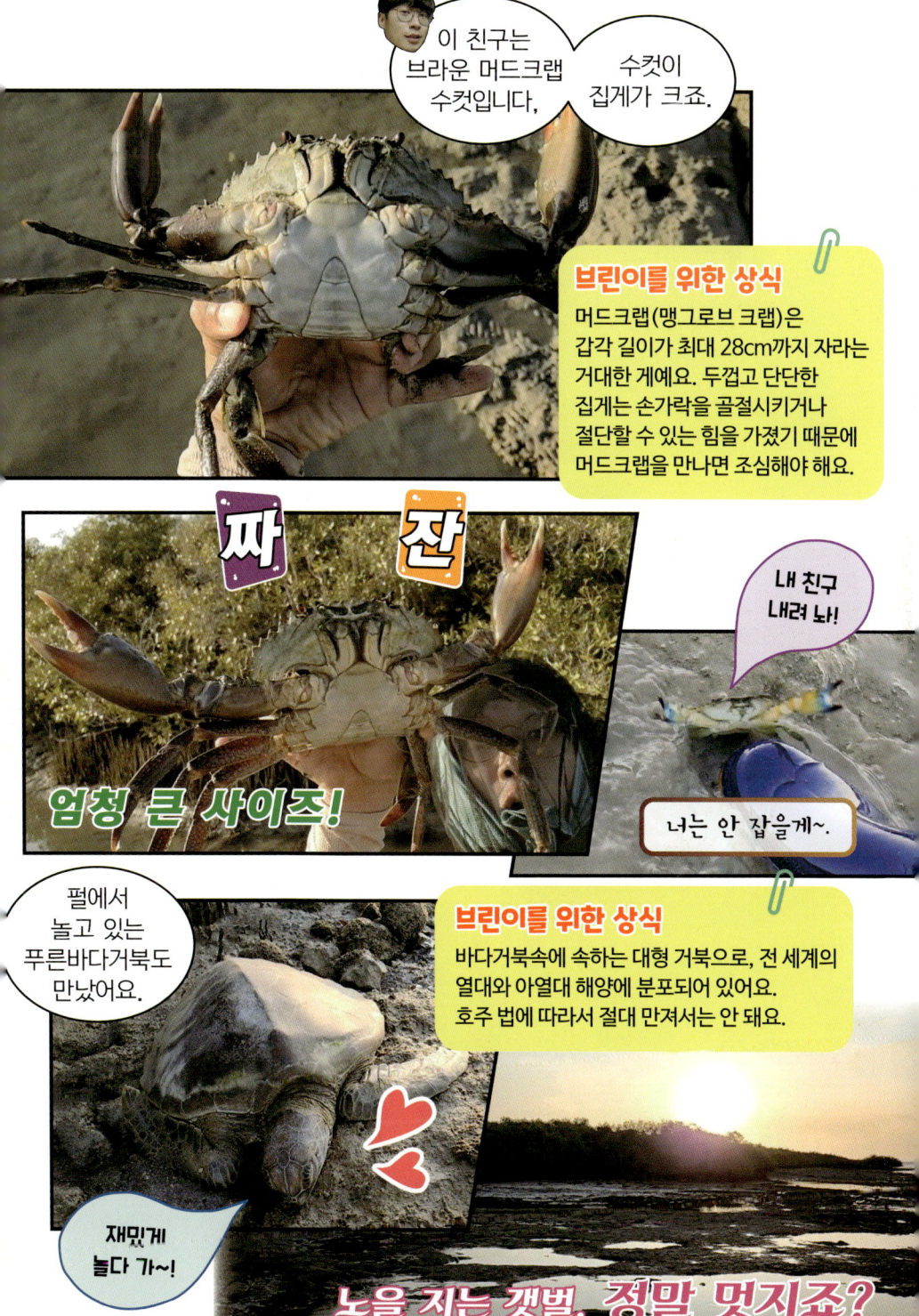

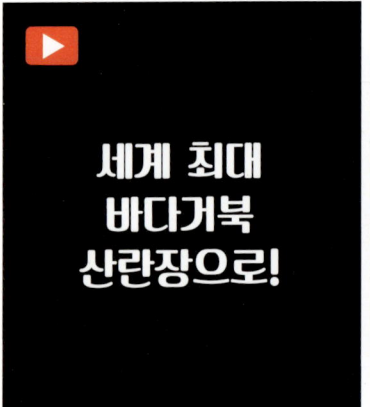

세계 최대의 바다거북 *산란장으로 유명한 엑스마우스에 가고 있어요.

브린이를 위한 상식
해변에서 새끼 거북을 찾기 위해서는 갈매기를 찾으면 돼요. 갈매기는 알에서 태어나 바다로 가는 새끼 거북을 잡아먹기 때문에 갈매기를 찾으면 새끼 거북을 발견할 수 있지요.

먹이가 되는 새끼 거북이 안타깝지만

자연의 일부분이기 때문에 개입을 하면 안 될 것 같아요.

새끼 거북을 만날 수 있을까요~?

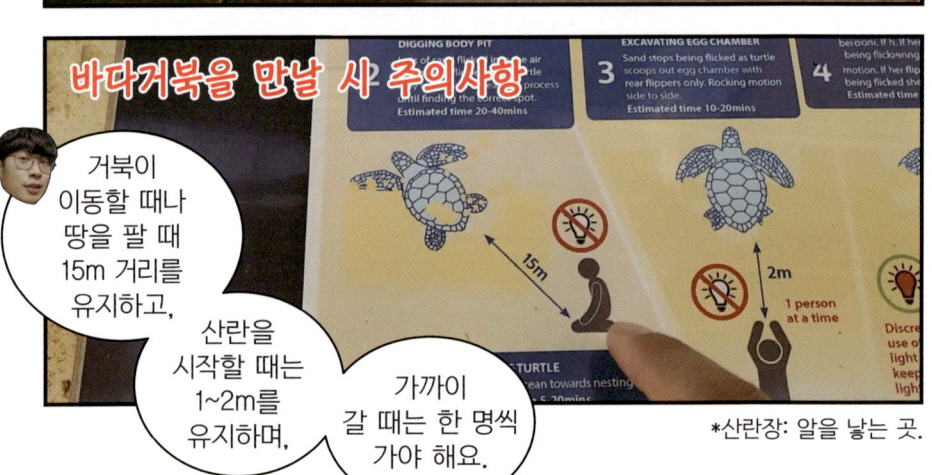

바다거북을 만날 시 주의사항

거북이 이동할 때나 땅을 팔 때 15m 거리를 유지하고,

산란을 시작할 때는 1~2m를 유지하며,

가까이 갈 때는 한 명씩 가야 해요.

*산란장: 알을 낳는 곳.

거북이 땅에 들어갈 때는 3m 유지,

그리고 다시 바다로 돌아갈 때는 15m를 유지해야 해요.

새끼 거북이 태어나서 바다로 가는 방향에 있으면 안 되고

뒤에 서서 봐야 한다고 해요.

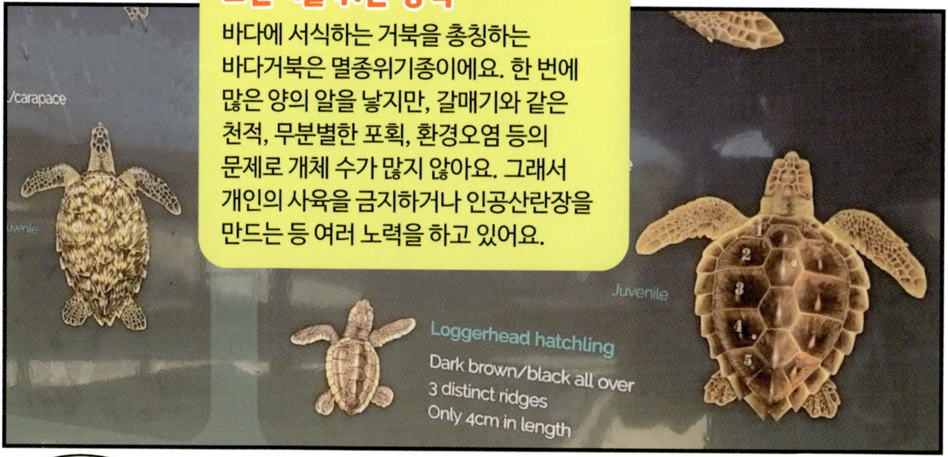

브린이를 위한 상식

바다에 서식하는 거북을 총칭하는 바다거북은 멸종위기종이에요. 한 번에 많은 양의 알을 낳지만, 갈매기와 같은 천적, 무분별한 포획, 환경오염 등의 문제로 개체 수가 많지 않아요. 그래서 개인의 사육을 금지하거나 인공산란장을 만드는 등 여러 노력을 하고 있어요.

바다거북의 이야기

온도가 높으면 암컷이 많이 나온다고 해요.

갈매기랑 게, 그리고 물고기가 잡아먹어요.

정브르의 생물 탐구

너구리와 라쿤은 생김새가 비슷해 같은 종이라 착각하기 쉬운 동물들이에요. 하지만 너구리는 개과, 라쿤은 아메리카너구리과로 다른 종의 동물이랍니다.

★정브르의 생물 탐구★

동물 이름: 바위너구리

바위너구리는 너구리라는 이름을 가지고 있기는 하지만, 너구리와는 전혀 다르게 생긴 동물이에요. 주로 아프리카에 서식하며, 가장 가까운 친척으로는 코끼리가 있답니다.

★정브르의 생물 탐구★

동물 이름: 라쿤

라쿤은 너구리와 생김새가 굉장히 비슷한 동물로, 미국 너구리라고 불리기도 해요. 하지만 너구리와 같은 종은 아니랍니다. 너구리와 달리 앞발가락과 발톱이 길어서, 사람의 손처럼 사용할 수 있어요.

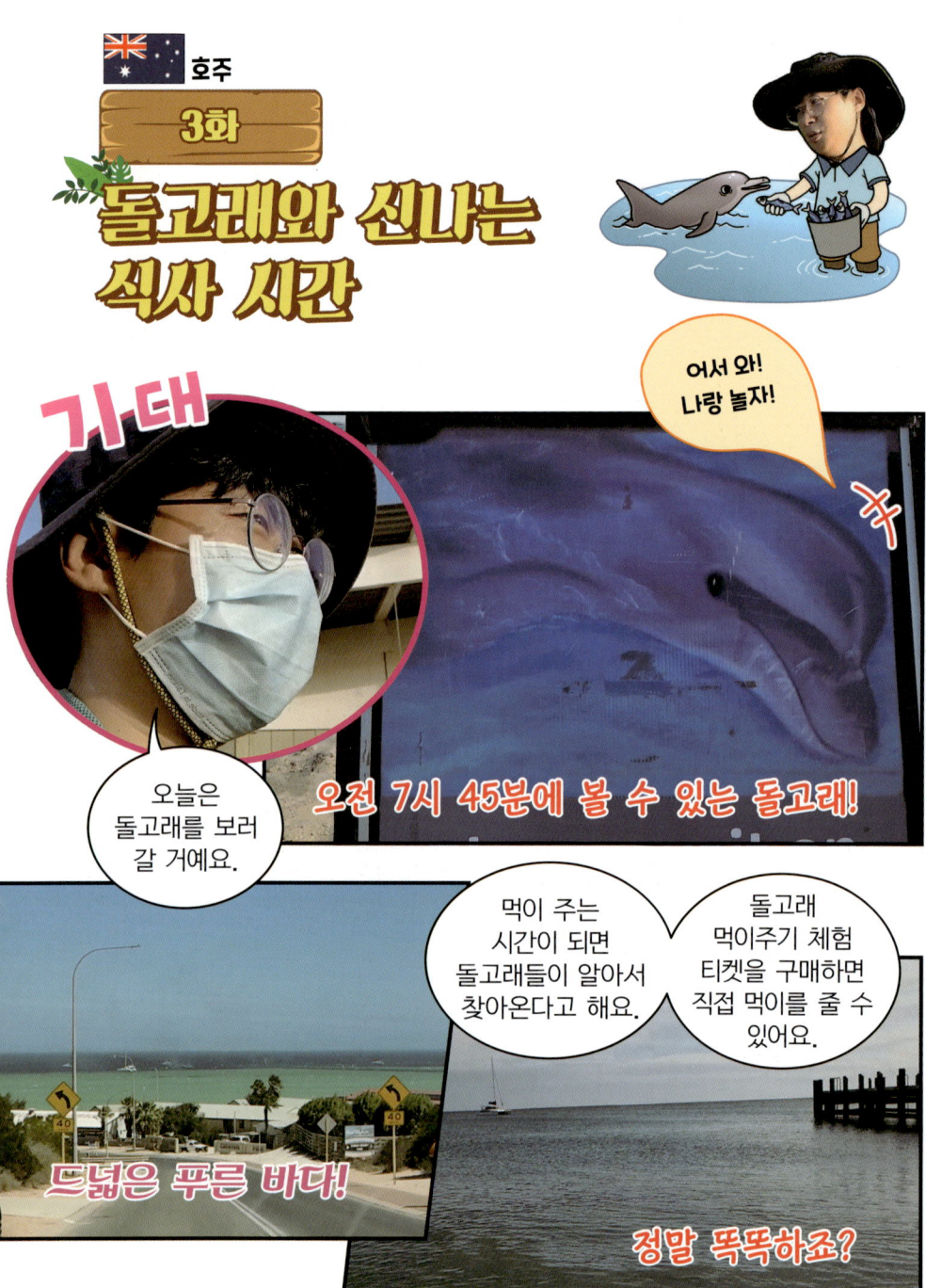

브린이를 위한 상식

돌고래는 무리 행동을 하는 동물로, 새끼를 함께 키우거나 아픈 동료를 돌보는 등 뛰어난 동료 의식을 가지고 있어요. 특히 인간과의 상호 작용도 뛰어나며 위험에 빠진 사람들을 구해 주는 등 친화적인 모습을 보이기도 해요.

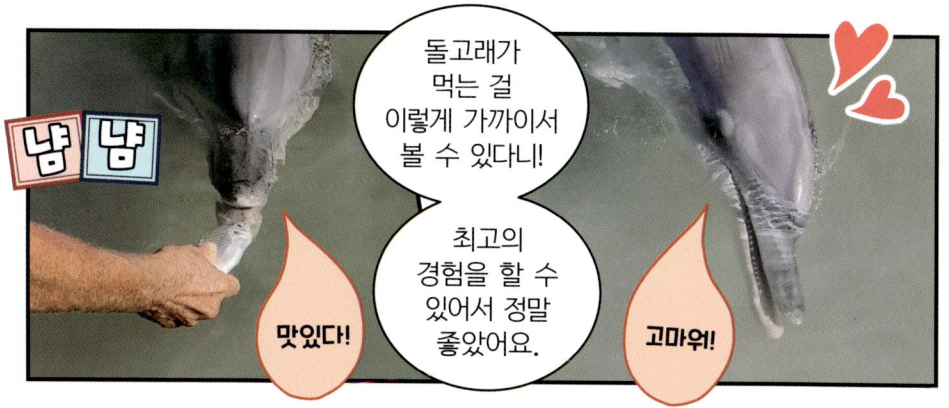

*단공류: 포유류의 분류 중 하나로, 가시두더지와 오리너구리 등이 있다.

여기는 호주의 핑크레이크라고 하는 곳입니다.

바닷물이 분홍색인데, 정말 예뻐요.

브린이를 위한 상식
이런 호수는 실제로 물에 색이 있는 것이 아니라 색이 있는 것처럼 보이는 것뿐이에요. 특정 조류나 미생물, 소금물과 탄산수소나트륨의 화학반응 등 다양한 원인에 의해 색깔이 나타난답니다.

계절과 시간, 구름의 양 등에 따라 색깔이 붉은색에서 분홍색, 보라색 등으로 바뀐다고 해요.

물이 분홍색은 아니에요.

찰 랑

소금 결정체

바닥에 분홍색 소금 결정체들이 모여서 그렇게 보이는 것 같아요.

자연은 정말 신비롭습니다.

오늘은 호주의 파충류 숍에 가 볼 거예요.

호주의 파충류 숍은 어떤 모습일까요?

두근 한번 들어가 보겠습니다!

파충류 숍 입장!

호주엔 면허 제도가 있어요.

정식 면허가 있어야만 파충류를 잡고, 키울 수 있어요.

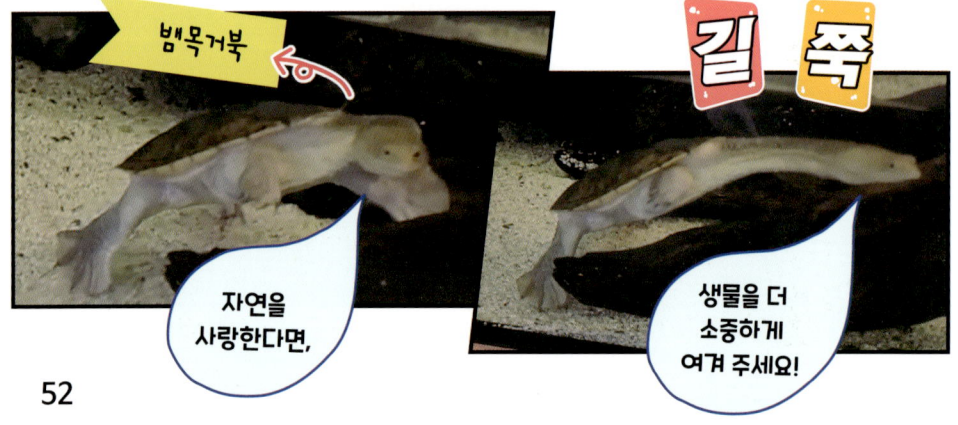

엄청 큰 해파리와 블루크랩 잡기

오늘은 블루크랩을 잡아 볼 거예요.

*해루질을 하면 잡을 수 있대요.

야간 해루질을 위해 모인 사람들

바글 바글

우아, 해파리다!

물이 맑아서 다 보이네요.

해파리는 죽지 않는 영생의 생물이에요.

해파리 촉수에 독이 있을 수 있기 때문에 절대 만지면 안 돼요.

날 만지면 위험해!

브린이를 위한 상식

해파리는 대부분 촉수에 독을 가지고 있어요. 해파리마다 독의 위험성이 다르기 때문에 가볍게는 가려움 증상만 나타나지만, 심하게는 죽음까지 이를 수 있어요. 바다에서는 항상 해파리를 조심해야 해요.

*해루질: 밤에 얕은 바다에서 맨손으로 어패류를 잡는 일.

*금지체장: 일정 크기 이하의 수산생물을 채집할 수 없는 것을 말한다.

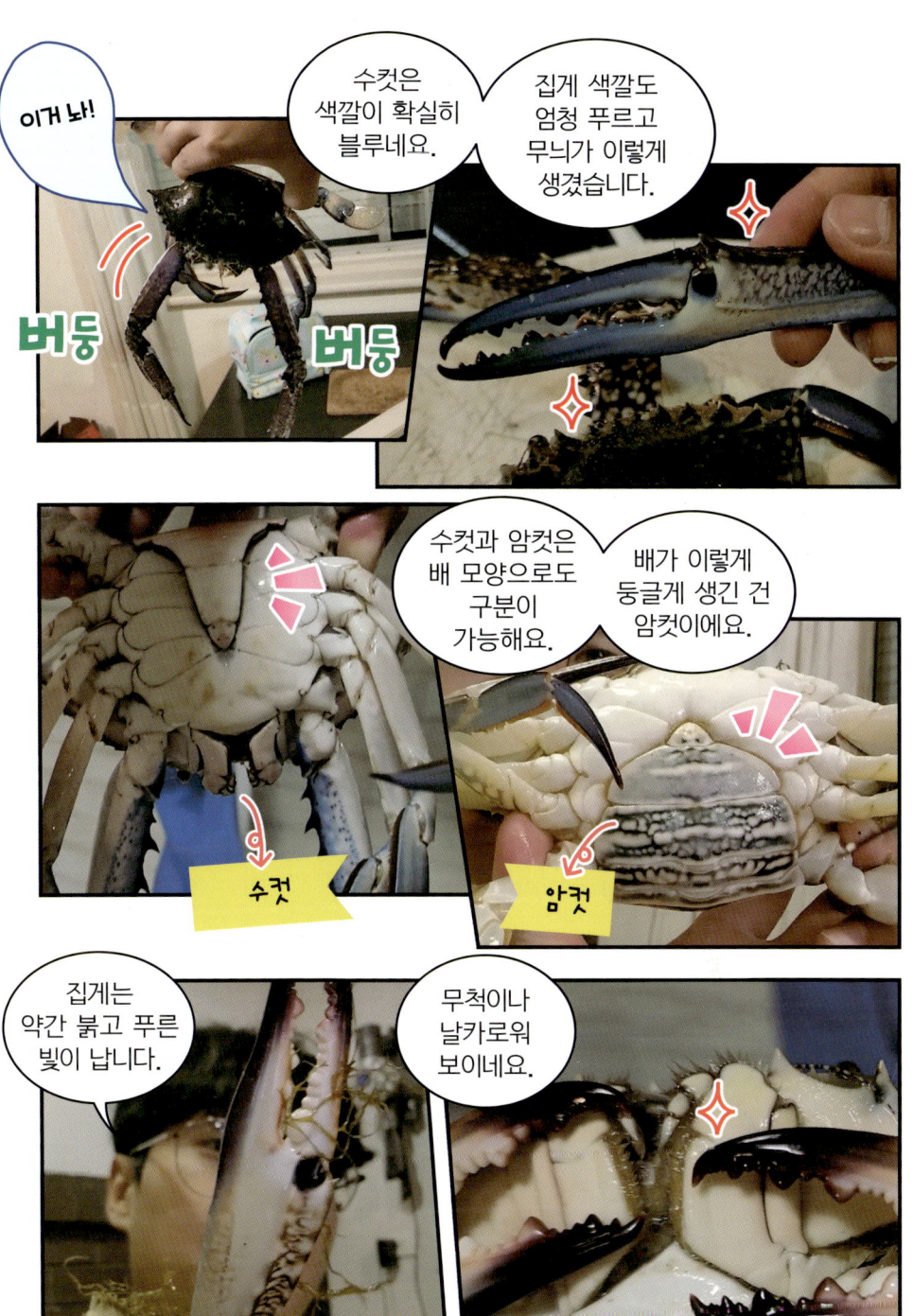

정브르의 생물 탐구

뱀목 도마뱀과의 파충류인 도마뱀은 자절 능력을 가지고 있어요. 자절은 천적에게서 도망칠 때 꼬리를 잘라 미끼로 남겨 두고 도망치는 행위를 뜻해요.

★정브르의 생물 탐구★

생물 이름: 크레스티드 게코

크레스티드 게코는 눈 위에 눈썹 같은 장식이 있어서 눈썹도마뱀붙이라고도 불러요. 꼬리를 잘라내면 다시 재생되는 다른 도마뱀들과 다르게 볏도마뱀붙이는 다시 재생되지 않아요.

★정브르의 생물 탐구★

생물 이름: 거드테일 아르마딜로

아프리카 사막 지역에 서식하는 거드테일 아르마딜로는 아르마딜로 갑옷도마뱀이라고도 불러요. 주로 곤충을 잡아먹으며, 적이 나타나면 몸을 둥글게 말아 보호 자세를 취해요.

브르의 다른 그림 찾기

왼쪽과 오른쪽 그림을 비교하고 다른 곳 5군데를 찾아봐요.

 미국

4화
반딧불이로 글씨를 읽어 보자!

"형설지공! 옛날 사람들은 빛이 없었기 때문에 반딧불이를 잡아서 반딧불이의 빛으로 책을 읽었다고 해요."

"정말 반딧불이의 빛으로 책을 읽을 수 있을지 실험해 볼까요?"

브린이를 위한 상식
형설지공(螢雪之功)은 '반딧불의 빛과 눈에 비친 빛으로 공부하여 이룬 성공'이라는 뜻의 사자성어예요. 어려운 환경에서도 꾸준히 공부하면 보람을 얻을 수 있다는 교훈을 담고 있어요.

"반딧불이는 굉장히 깨끗한 계곡에서 다슬기를 먹으면서 살아요."

"우리나라에서는 제주도라든지 강원도 산골 같은 곳에서 보이는데"

"이곳에서는 숙소 앞에 많이 날아다니고 있습니다."

집 앞에서 번쩍번쩍하는 반딧불이

잡아 봐!

63

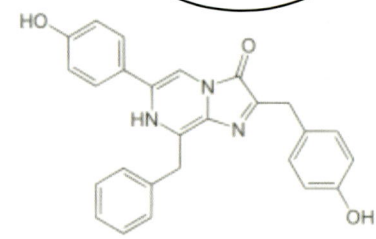
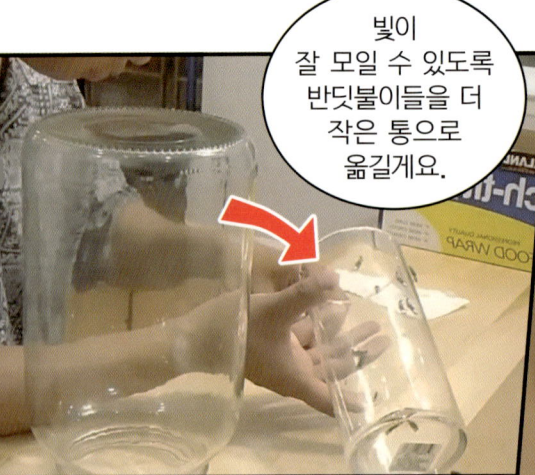

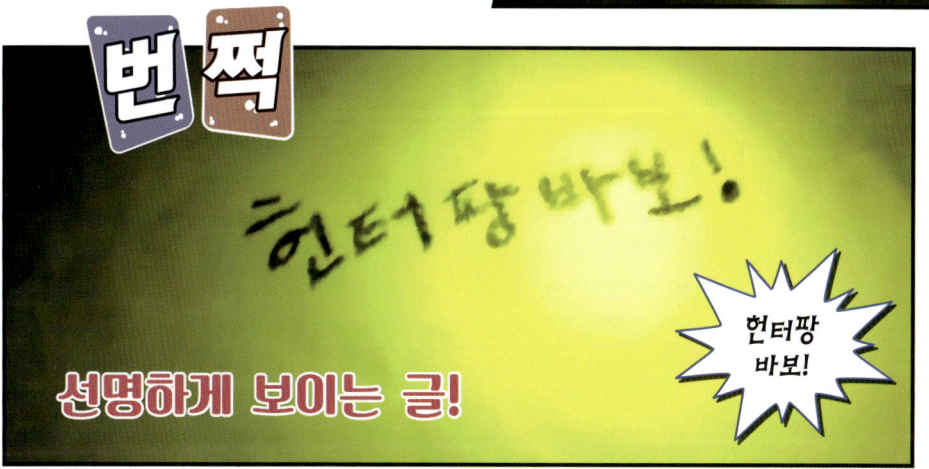

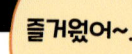

브린이를 위한 상식

황소개구리는 외국에서 들어온 외래종으로, 황소처럼 운다고 하여 '황소개구리'라는 이름으로 불리게 되었어요. 처음 우리나라에 들어왔을 땐 황소개구리의 천적이 없어서 황소개구리의 개체 수가 급격하게 늘어났고, 우리나라의 고유종을 잡아먹어 생태계교란종으로 여겨지기도 했지요. 지금은 뱀, 너구리 등의 천적이 생겨 개체 수가 많이 줄어들었어요.

놓아줄 거지?

고마워~.

이 친구는 바로 놓아줄게요~.

관리인분께서 키우는 늑대거북을 보여 주시네요!

브르, 만나서 반가워.

이름이 캡틴 크런치래요. 정말 멋있어요.

나 멋지지?

몸이 보호된 부분이 부족하기 때문에 방어보다는 공격에 더 특화된 거북이에요.

18인치까지 커진답니다.

브린이를 위한 상식

늑대거북은 뾰족한 등껍질과 튼튼하고 긴 꼬리를 가진 거북이에요. 성질이 사납고 힘이 센 거북으로도 유명해요. 날카로운 턱으로 무엇이든 물 수 있기 때문에 물리지 않게 조심해야 해요.

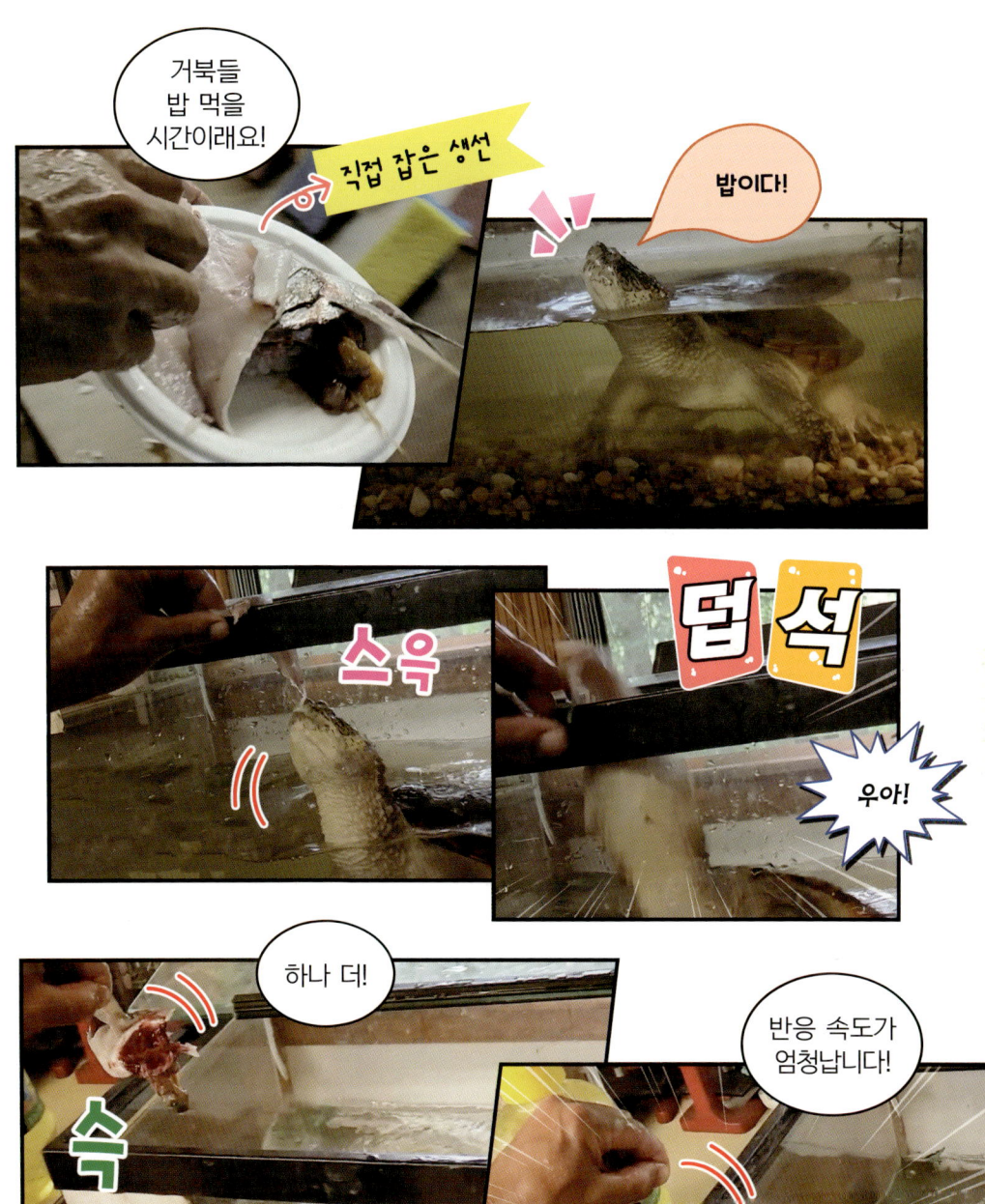

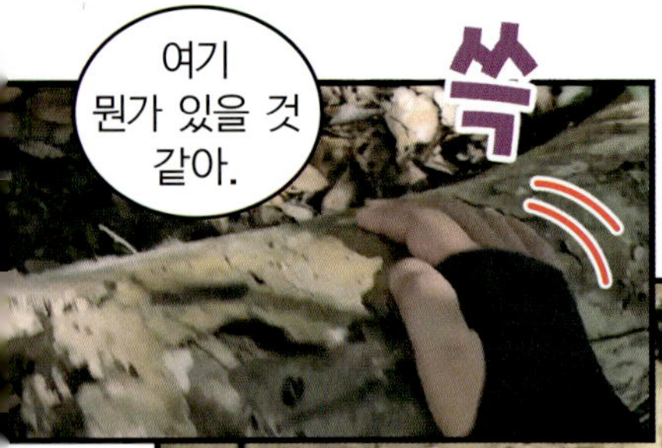

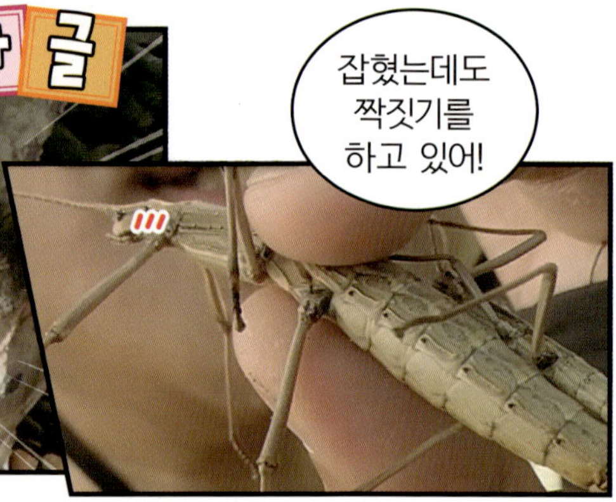

정브르의 생물 탐구

자연 환경을 파괴하거나 다른 생물들을 무분별하게 잡아먹어 생태계를 교란시키는 생물을 생태계교란 생물이라 불러요. 주로 외국에서 유입되어 생태계의 균형을 망가뜨리는 외래종이 많답니다.

★정브르의 생물 탐구★

동물 이름: 브라운송어

원래 유럽에 서식하던 브라운송어는 현재 아시아, 아메리카 등 여러 지역으로 퍼졌어요. 한국에는 강원도의 소양강에 서식하고 있으며, 다른 물고기들을 가리지 않고 모두 잡아먹기 때문에 생태계 교란종으로 지정되어 있지요.

★정브르의 생물 탐구★

동물 이름: 뉴트리아

남아메리카에 서식하는 거대 설치류인 뉴트리아는 모피와 고기로 유명해졌어요. 여러 지역에 수출되어 야생으로 퍼지면서 생태계에 피해를 주고 있어요. 우리나라에는 주로 낙동강 주위에 서식하며 생태계 교란종으로 지정됐어요.

영상으로 확인해 봐요!

브르의 희귀 동물 탐구 노트-②

찰스 다윈, 진화론

찰스 다윈은 19세기 영국의 생물학자로, 생물의 진화론이 발전하는 데 큰 기여를 했어요. 찰스 다윈은 비글호를 타고 여러 지역을 탐험했는데, 이때 갈라파고스 제도에서 특이한 새들을 보게 되었지요. 독특한 생김새 때문에 새로운 종이라고 생각했지만, 알고 보니 육지에 사는 '핀치'와 같은 종이었어요. 이를 통해 찰스 다윈은 같은 종이어도 환경에 따라 생김새가 다르게 진화할 수 있다는 사실을 알게 되었지요.

진화론의 섬, 갈라파고스 제도

갈라파고스 제도는 찰스 다윈이 진화론 연구를 위해 방문했던 장소로, 19개의 화산섬과 주변 암초로 구성된 섬이에요. 다른 대륙과 이어져 있지 않기 때문에 독특하게 진화한 생물이 많아, 갈라파고스 제도만의 특이한 고유종을 많이 만날 수 있어요.

갈라파고스 제도에 사는 생물

유네스코는 갈라파고스 제도의 아름다운 자연과 특이한 생물을 보호하기 위해 1978년 갈라파고스 제도를 세계자연유산으로 등록했어요. 생태계 보호를 위해 외래종의 유입을 철저하게 금지하고 있기에 갈라파고스 제도에 방문할 때는 살아 있는 동물이나 식물을 가지고 갈 수 없어요.

갈라파고스 제도의 대표적인 고유종으로는 갈라파고스땅거북이 있어요. 지구상에 서식하는 거북 중 두 번째로 몸집이 큰 육지 거북이며, 여러 가지 형태의 등딱지를 가지고 있어요. 또 다른 고유종으로는 바다이구아나가 있는데, 바다이구아나는 이구아나 중 유일하게 바다에서 생존할 수 있는 능력을 가지고 있어요. 기온에 따라 색깔이 변하며, 기온이 낮으면 어두운 색이 되지요. 이외에도 펭귄 중 유일하게 열대 지역에 서식하는 갈라파고스펭귄, 찰스 다윈의 진화론에 영감을 준 다윈 핀치 등 다양한 고유종이 서식하고 있어요.

갈라파고스땅거북

바다이구아나

이게 바로 엘리게이터 가아입니다!

짜 잔

이 강에는 롱노우즈 가아, 스포티드 가아, 노멀 엘리게이터 가아가 살고 있어요.

가아를 먹기도 하지만, 트리니티강은 중금속에 오염되어 있으니 조심해야 해요.

그래서 잡은 친구는 *방생을 하겠습니다.

잘 가, 친구~.

스 윽

고마워~.

풍 덩

*방생: 잡은 물고기를 놓아 살려 줌.

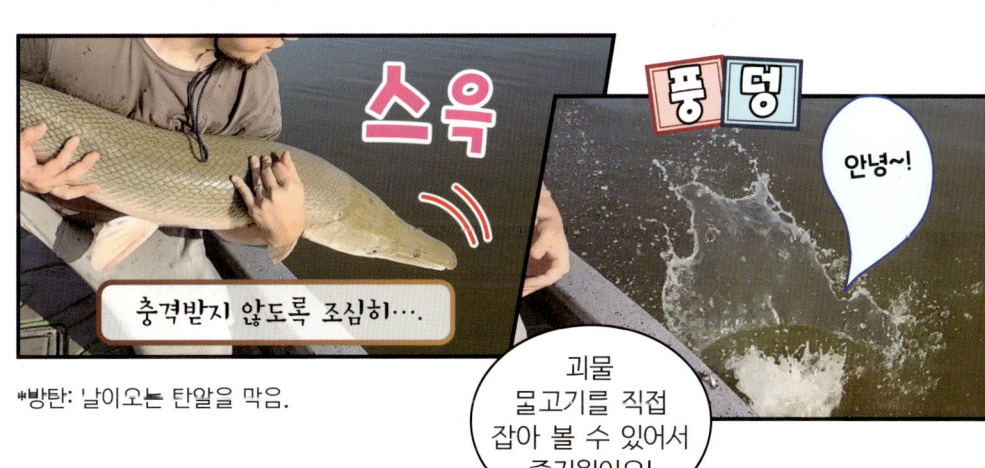

이곳은 테라핀의 최대 서식지라고 할 정도로 테라핀이 많이 밀집해 있는 곳입니다.

브린이를 위한 상식
로드킬이란 동물들이 도로를 건너다가 운송수단에 치여 죽는 현상을 말해요. 자동차의 불빛에 의해 일시적으로 시력을 잃어 피하지 못하는 경우도 있고, 도로 양쪽으로 나뉜 서식지를 가로지르려다 다치기도 해요.

아이고….
로드킬을 당해 죽어 있는 테라핀을 발견했어요….

안타깝습니다….

나도 건너야 하는데….

살아 있는 테라핀을 발견했어요!

다이아몬드 백테라핀 →

다이아몬드 백테라핀은 국제적 멸종위기종 2급으로 지정되어 있고,

등에 있는 무늬와 똘망똘망한 눈이 매력인 친구예요.

테라핀을 더 안전한 곳으로 옮겨 준대요.

붉은귀거북 →

안녕~.

이 친구는 이스턴 페인티드 터틀인 것 같아요!

늑대거북 새끼도 있네요!

다양한 거북이 보호받고 있어요.

반가워~.

사랑스럽죠?

브린이를 위한 상식

습지는 대개 땅이 얕은 물에 잠겨 있는 지역을 뜻해요. 습지는 다양한 동물들에게 서식 환경을 제공하고, 인간에 의해 발생한 수질오염 물질을 정화시키는 중요한 기능을 해요. 또한 비가 많이 오는 우기에는 땅에 수분을 저장해 두었다가 비가 적게 오는 건기에 공급하여 수분을 조절할 수 있어요.

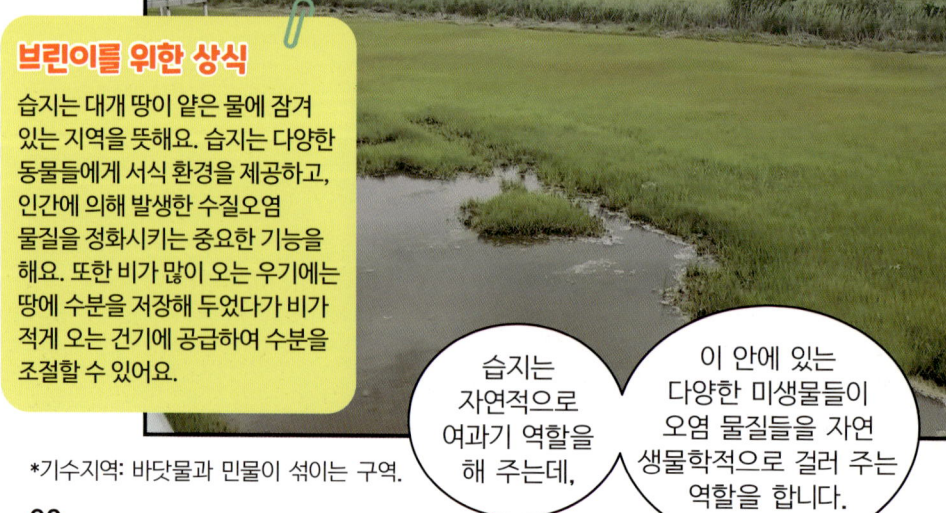

*기수지역: 바닷물과 민물이 섞이는 구역.

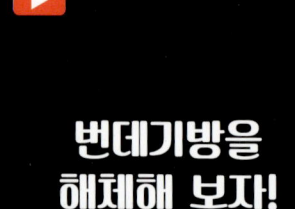

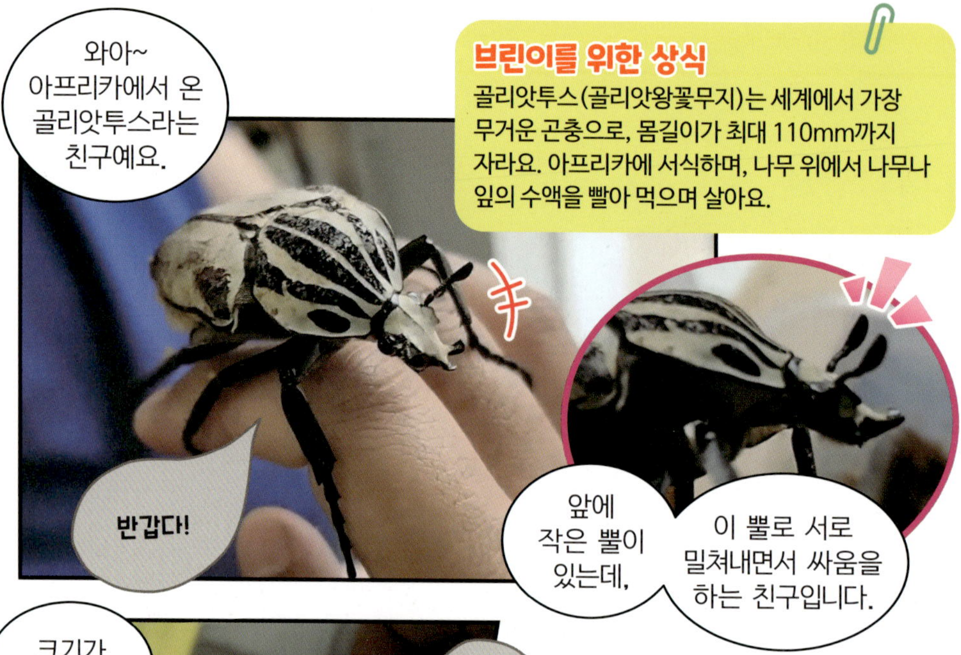

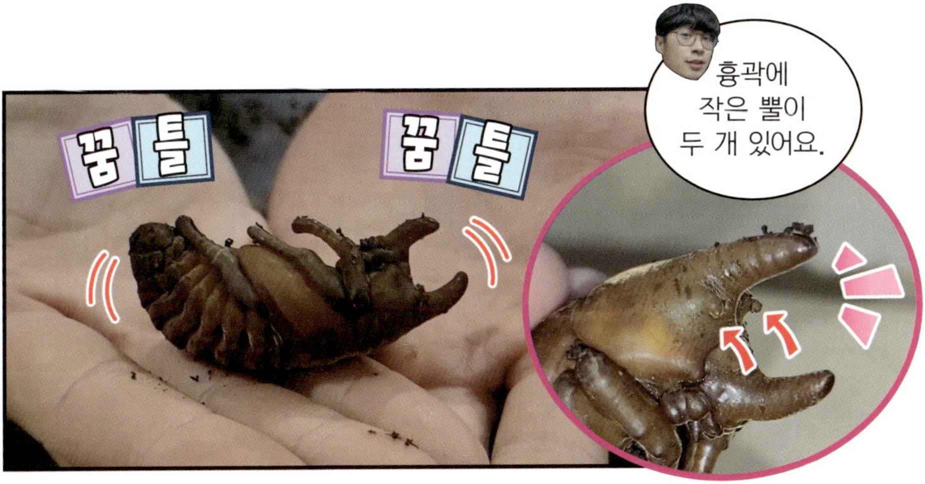

꿈틀 꿈틀

"흉곽에 작은 뿔이 두 개 있어요."

인공 번데기방에 보관된 번데기들

"주황색을 띠는 것은 조금 늦게 번데기가 된 거예요."

"흙 속에서 성충으로 *우화한 친구도 있어요."

"습기가 있으면 색깔이 검은색이 되네요."

"이 친구는 암컷이네요."

*우화: 번데기가 날개 있는 성충이 됨.

97

정브르의 생물 탐구

흡혈동물이란 사람이나 동물들의 혈액을 빨아 먹는 동물을 뜻해요. 보통 흡혈 당하면 피부가 손상되거나 전염병에 걸리는 경우가 많아서 해충으로 분류되어요.

★정브르의 생물 탐구★

동물 이름 : 거머리

거머리는 주로 민물에 서식하는 동물로, 길고 납작한 몸을 가지고 있어요. 대부분 사람이나 동물들의 몸에 들러붙어 피를 빨아 먹는 기생동물이고, 동물들을 잡아먹는 거머리 종류도 있어요.

영상으로 확인해 봐요!

★정브르의 생물 탐구★

동물 이름 : 모기

모기는 어느 장소에서나 흔하게 볼 수 있는 곤충 중 하나로, 사람이나 동물의 피를 빨아 먹어요. 여러 지역을 돌아다니면서 세균이나 바이러스를 옮길 수 있어서 병을 옮기는 해충으로도 유명하지요.

영상으로 확인해 봐요!

미국 6화 대형 도마뱀을 만난 브르

테구를 키우는 *브리더분의 집에 놀러 왔어요!

이게 전부 테구라고 합니다.

엄청난 스케일의 테구 사육장!

브린이를 위한 상식
테구는 채찍꼬리도마뱀과에 속하는 여러 종의 도마뱀을 가리켜요. 대형 육상 파충류이며, 남아메리카가 원산지예요.

벌컥

넌 누구야?

두 가지 모프가 섞였어요.

색깔이 정말 멋있네요!

나 예뻐?

*브리더: 사육자. 동식물의 교배, 사육을 전문적으로 하는 사람.

이 친구는 암컷이고, 블루와 레드의 모프 조합이라고 해요.

나 정말 멋지지?

브린이를 위한 상식
모프는 같은 종의 생물에서 나타나는 모습이나 고유한 특징(몸색)을 말해요. 파충류는 같은 종임에도 유전자에 따라서 여러 색이 발현되거나 상실되어 다른 색이 나오는 경우가 있답니다.

이 친구는 루비 레드의 시초입니다.

*알비노 친구도 있네요~.

이 친구는 슈퍼 블루라는 모프예요.

엄청 독특하죠?

오늘 날씨 정말 좋다~!

*알비노: 신체의 일부 또는 전체에 색소가 없는 현상.

이구아나랜드로 떠나자!

오늘은 이구아나랜드라는 파충류 동물원에 방문했어요!

두근 진짜 기대된다!

들어오자마자 아네가다 록 이구아나를 만났어요!

눈이 굉장히 초롱초롱하고 예쁩니다.

정브르다!

전 세계에서 300마리밖에 없다고 해요. 진짜 크고 멋져요.

꼬리에서 에메랄드빛이 나요.

자연적인 빛깔이 매력적이죠?

내가 좀 귀해!

관리가 정말 잘 되어 있다!

이 친구가 제일 오래된 종이고 이 이구아나에서 파생되어 다른 아종들이 나왔다고 해요.

현재는 야생에서 보기 힘든 보호종이랍니다.

여러 이구아나의 뿌리격인 록 이구아나.

매우 귀한 알비노 워터 모니터 암컷이에요.

지금 배에 알을 품고 있대요!

레드 테일 보아

거대

와~ 진짜 크다!

3m는 될 것 같아요. 무지개 색을 띠네요.

엄청 두툼합니다.

엄청난 스케일의 야외 사육장

어떤 친구들이 있을까요?

안녕?

재밌게 놀다가 가~.

국제적 멸종위기종 1급인 방사 거북입니다.

브린이를 위한 상식

방사거북은 마다가스카르에 서식하는 육지 거북이에요. 세상에서 가장 아름다운 육지 거북이라 불릴 만큼 아름다운 등껍질 무늬를 가지고 있어요. 불법 포획과 서식지 파괴 등으로 개체 수가 줄어, 지금은 국제적 멸종위기종 1급으로 보호받고 있어요.

방사거북

초롱 초롱

버마별거북

아~ 날씨 좋다~!

별거북들이 산책하고 있네요~.

브린이를 위한 상식
라이노 이구아나는 커다란 몸집과 뿔, 납작한 꼬리를 가지고 있어요. 생김새와 회색 몸이 코뿔소를 닮았다고 하여 라이노(rhino, 코뿔소) 이구아나라고 불러요. 멸종위기종이기 때문에 국제적 멸종위기종 1급으로 지정하여 국제 거래를 막고 있어요.

이 친구는 라이노 이구아나 수컷입니다.

쓰담

머리가 단단할 줄 알았는데 말랑말랑 합니다.

등은 뾰족해 보이는데 아프지 않네요.

기분 좋다~.

말랑

브린이를 위한 상식

악어는 거대하고 강력한 파충류로, 길쭉한 몸과 주둥이, 뾰족한 이빨을 가지고 있어요. 주로 늪에 서식하며 물고기, 개구리, 육상 동물 등 종을 가리지 않고 무엇이든 잡아먹지요.

정브르의 생물 탐구

파충류인 거북은 단단한 등딱지 안에서 살아가요.
육지거북과 바다거북 등 다양한 환경에서 서식하며,
종에 따라 육식, 초식 등으로 식성도 다양해요.

★정브르의 생물 탐구★

동물 이름 : 악어거북

악어거북은 늑대거북의 한 종류로, 공룡을 닮은 무서운 모습과 강한 무는 힘을 가지고 있어요. 꼬리는 발톱처럼 단단하고 길게 생겼는데, 포식자들로부터 몸을 보호하는 역할을 해요.

★정브르의 생물 탐구★

동물 이름 : 인도별거북

별거북은 등딱지에 별과 같은 무늬가 그려져 있어서 별거북이라는 이름이 붙었어요. 예쁜 무늬 때문에 사육 거북으로 인기가 많은데, 무분별한 포획으로 인해 지금은 국제적 멸종위기종으로 보호받고 있어요.

🇮🇩 인도네시아

7화
술라웨시섬에서 등화 채집하기

"인도네시아 술라웨시섬에서 등화 채집을 할 거예요."

"비가 온 후라 흙이 다부집니다. 메탈리퍼 가위사슴벌레가 이런 흙을 좋아한다고 해요."

"확실히 점토 성향이 강합니다."

"등화 채집을 위해 전선이랑 발전기를 준비해 왔어요."

"곤충들이 수은 램프의 빛을 보고 날아올 거예요."

천 · 전선 · 발전기 · 수은 램프

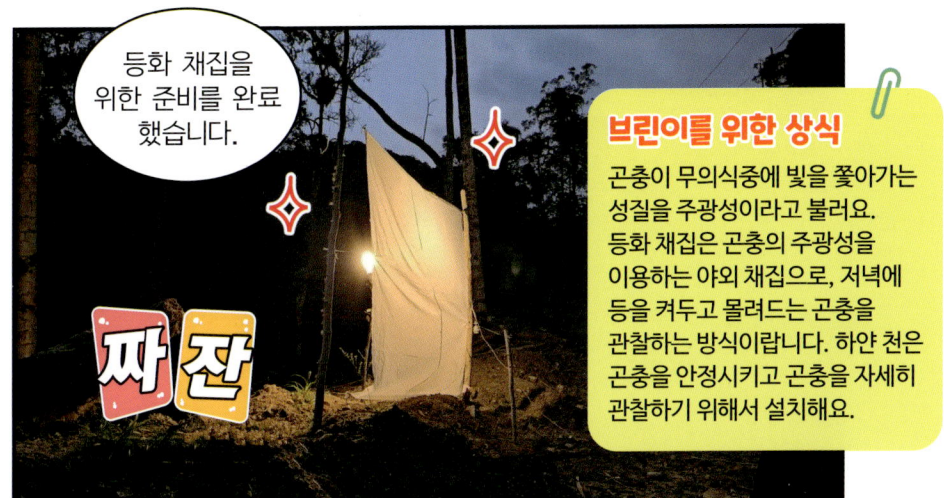

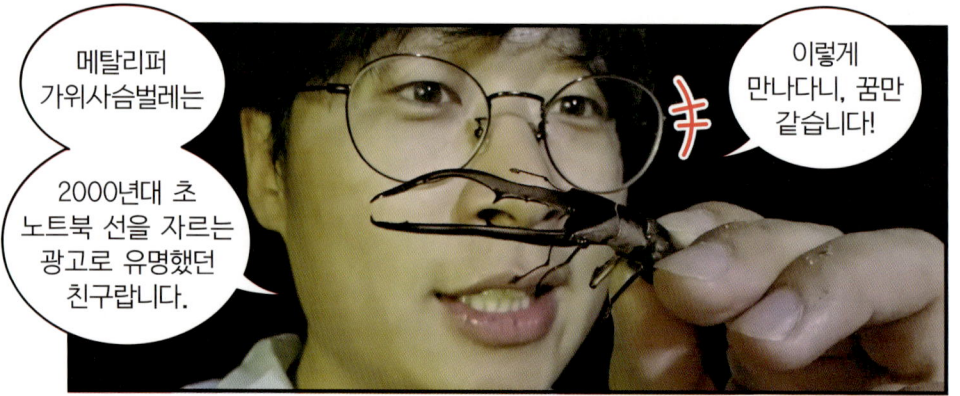

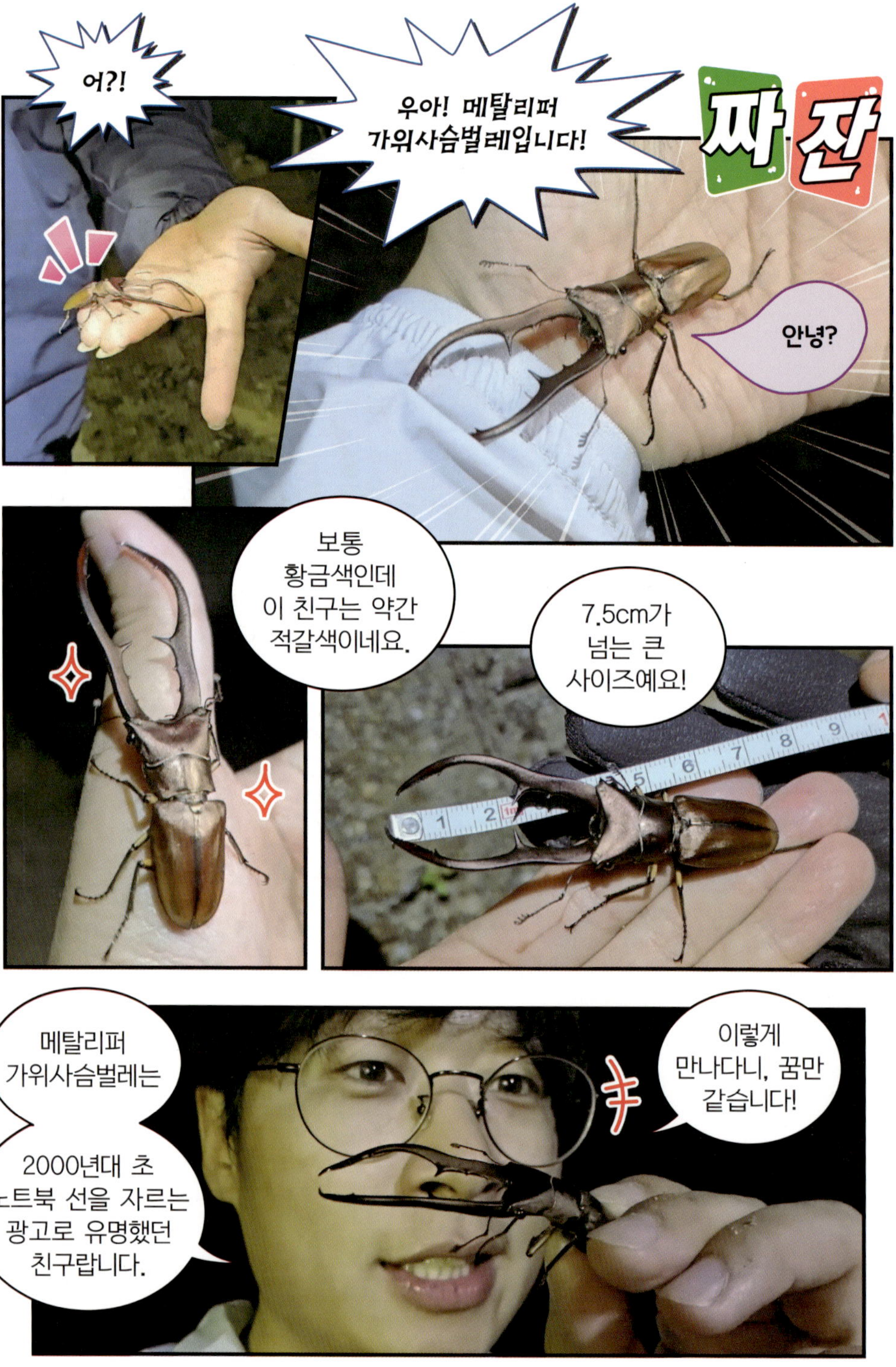

브린이를 위한 상식
토케이 게코(도게이도마뱀붙이)는 수컷이 짝을 찾을 때 '토케이, 토케이' 하고 울어서 토케이 게코라는 이름이 붙었어요. 동료 의식이 있어서 동료가 천적에게 공격당하면 달려와서 도와준답니다.

브린이를 위한 상식

국제적 멸종위기종(CITES)은 멸종위기에 처한 야생 동식물들을 국제 거래할 때 따라야 하는 협약이에요. 멸종위기종의 국제 거래를 통제함으로써 무분별한 포획과 불법 거래를 막는 역할을 하지요. 토케이 게코는 2급으로 보호받고 있어요.

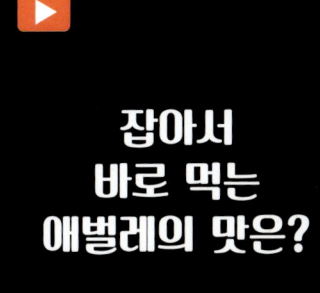

정브르의 생물 탐구

거미는 절지동물의 한 종류로, 보통 8개의 홑눈과 4쌍의 다리를 가지고 있어요. 몸이 머리, 가슴, 배로 나뉜 곤충과 달리 몸이 머리가슴과 배로 나뉘어요.

★정브르의 생물 탐구★

동물 이름 : 주홍거미

주홍거미의 이름은 몸 색깔에서 유래했는데, 수컷이 크면 배가 주홍색으로 바뀌어서 주홍거미라는 이름이 붙었어요. 초원과 같이 건조한 곳에 땅굴을 판 뒤, 천막 모양의 그늘을 치고 살아가요.

★정브르의 생물 탐구★

동물 이름 : 무당거미

노란색, 검은색이 섞인 몸 색깔이 무당의 옷과 비슷한 무당거미는 흔하게 볼 수 있는 거미 중 하나로, 호랑거미와 비슷하게 생겼어요. 나뭇가지 사이에 거미줄을 치고, 거미줄에 걸린 작은 곤충들을 먹으면서 살아가지요.

정답

60~61p

118~119p

138~139p

어린이 첫 생물 탐구 도감

생물 유튜버 **정브르**와 함께

신기하고 재미있는 동물 퀴즈를 풀어요!

200쪽 | 값 15,000원

180쪽 | 값 15,000원

알쏭달쏭 퀴즈를 풀며 동물 세계를 탐구해요!

사진과 영상으로 생생하게 동물을 관찰해요!

서울문화사

구입 문의: 02-791-0708

©정브르. ©SANDBOX NETWORK.

뚜식이

특별판 공포판 감동판 성장툰

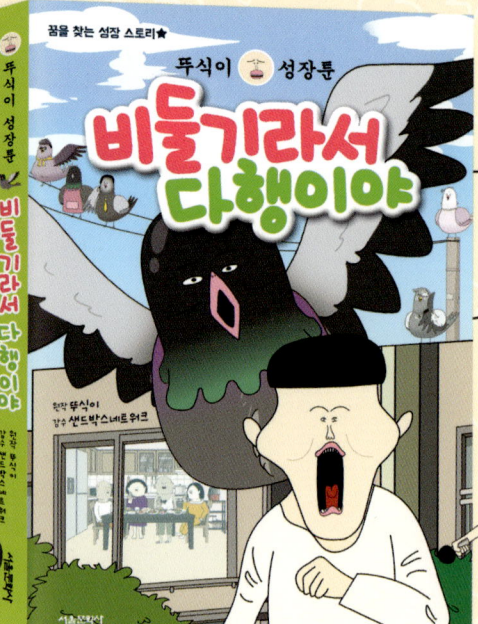

 뚜식이 특별판

 뚜식이 공포판

 뚜식이 감동판

웃음과 감동이 있는
뚜식이 책을
만나 보세요!